ARMÉNIE

" MAÏRIG "

Marie Zenger

Seize ans chez les orphelins arméniens à Sivas

Se vend au profit de l'Orphelinat de Sivas

GENÈVE
LIBRAIRIE J.-H. JEHEBER
28, Rue du Marché

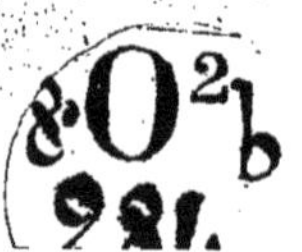

MARIE ZENGER

25 Juillet 1867 – 23 Mars 1915

ARMÉNIE

“ MAÏRIG ”

Marie Zenger

Seize ans chez les orphelins arméniens à Sivas

Adaptation française de la brochure
de M. Stucky à Berne
par Mesdames MÆRKY et MULLER

Se vend au profit de l'Orphelinat de Sivas

GENÈVE
LIBRAIRIE J.-H. JEHEBER
28, Rue du Marché

Avec 15 gravures et 1 carte

Société Générale d'Imprimerie, Genève

PRÉFACE

Maïrig ! Petite mère !

Ce mot arménien si doux, si tendre est bien celui qui convient à Marie Zenger. Petite mère, elle l'a été en soignant les enfants à l'hôpital de Genève, mais surtout depuis le jour où elle a franchi le seuil de l'orphelinat de Sivas, où elle s'est trouvée en présence de ces troupes d'enfants farouches, craintifs, dont beaucoup refusaient de répondre ou même de regarder en face les deux mères qui arrivaient de Suisse, pleines de pitié et d'amour, mais sans pouvoir se faire comprendre.

Pour sa tâche maternelle, Marie Zenger avait non seulement les grandes qualités essentielles d'intelligence et de piété, mais les traits charmants de son caractère lui furent d'un grand secours. Enjouée, très gaie même, voyant volontiers le côté plaisant ou humoristique des choses, elle aimait à rire et à voir rire autour d'elle. Elle jouissait profondément de la nature et de tout ce que la vie offre de beau aux yeux de ceux qui savent voir et comprendre. L'enthousiasme juvénile que lui inspirait tout ce qui est noble lui attirait le cœur des jeunes ; tout alliage douteux, toute bassesse morale la froissaient profondément, elle montrait aux enfants un idéal très haut et très pur, elle leur apprenait à aimer ce qui est beau dans tous les domaines, et dans sa conception de la vie le sentiment esthétique était l'allié de la conscience et de la piété. Tel fut le secret de son autorité sur le petit peuple qu'elle eut à diriger et du prestige qu'elle posséda sur les meilleurs d'entre les enfants lorsqu'ils furent devenus grands.

C'était dans la prière qu'elle puisait sa force et sa joie et c'est là qu'elle conduisait les enfants avec elle. Que d'heures elle a passées bénissent pour ce qu'elles leur ont donné. Mlle Stucky elle aussi a été une vraie *Maïrig*. Elles ont eu aussi d'autres collaborateurs : Mlle Linder, vaillante, courageuse et ardente, qui a dirigé pendant trois ans, à Gurun, une succursale de notre orphelinat; M. Félix Margot qui a eu pendant cinq ans la direction combinée du double orphelinat de Sivas et a exercé sur beaucoup de nos garçons une influence virile et ferme qui a porté des fruits ; Mme Margot dont la bonté et le développement qu'elle a donné à la musique et au chant ont été un des attraits de l'orphelinat ; Mlle Lina Zenger, maintenant Mme Eberlé, qui pendant trois ans, a par sa gaîté, son savoir faire, développé chez nos filles le goût de l'ordre, du travail, de l'activité ménagère et a fait de beaucoup d'entre elles des couturières excellentes, les préparant ainsi à leur vie de mères de famille.

Pour ceux qui ont connu et aimé cet orphelinat de Sivas où il y a eu bien des difficultés et des déceptions de tout genre, mais aussi tant de bénédictions, Marie Zenger fut dans sa simplicité, sa grâce et sa modestie, la « *Maïrig* » qui amena beaucoup de ses enfants à une vie supérieure, qui leur apprit à connaître Jésus, à l'aimer et les a sûrement aidés dans le chemin de tortures qu'ils suivent maintenant.

Léopold Favre.

MARIE ZENGER

Directrice de l'Orphelinat suisse de SIVAS (Arménie)

Ce n'est pas seulement sur le front qu'il faut chercher les innombrables victimes de la terrible guerre mondiale qui sévit actuellement. Qui dira jamais combien de nobles et précieuses vies ont été fauchées par contre-coup? Tel a certes été le cas d'une de nos compatriotes, Marie Zenger, la dévouée directrice de l'Orphelinat suisse de Sivas, en Arménie, arrachée à sa tâche et mourant au service des blessés loin de son champ de travail.

Marie Zenger est née à Genève le 25 juillet 1867. Elle était l'aînée de trois enfants d'une famille d'ouvriers. Son pére était bernois, et sa mère descendait d'une famille huguenote. On peut dire que Marie garda toute sa vie les traits caractéristiques de ces deux races. Elle avait l'endurance et le calme bernois, alliés à la vivacité, l'esprit d'entreprise et l'enjouement français.

De très bonne heure, Marie connut les peines et les soucis de la vie. Elle ne se souvenait de son père que comme d'un malade qui toussait toujours. Il mourut jeune, laissant sa famille dans une situation si précaire que souvent la mère avait peine à nourrir ses enfants. Marie racontait que lorsqu'elle allait rendre de l'ouvrage, sa mère lui recommandait d'en attendre le payement parce que le pain manquait à la maison.

A travers toutes ses angoisses, Madame Zenger se confiait en Dieu, et sa piété exerça une influence bienfaisante sur sa fille.

Marie était une enfant vive et turbulente, et son caractère mobile donnait de l'inquiétude à sa mère. « Que faudra-t-il faire de toi? », disait-t-elle en soupirant.

A la grande douleur de ses enfants, la mère tomba malade et dut être transportée à l'hôpital Butini, à Genève où elle mourut. Curieuse coïncidence : elle y reçut les soins de Sœur Catherine Stucky, celle-là même qui eut, plus tard, comme nous le verrons, une influence décisive sur la carrière de Marie Zenger.

Marie, bien jeune encore — 11 ans — restait donc seule au monde avec son petit frère et sa petite sœur. Une famille vaudoise, amie de la mère, s'occupa de Marie et la prit chez elle. Le départ lui fut très pénible, car il lui fallut quitter son école à laquelle elle était fort attachée. Puis les travaux du ménage et des champs auxquels elle dut se livrer, lui laissaient moins de temps libre pour ses chères études. Ce n'était pas sans peine qu'elle accomplissait cette tâche si nouvelle pour elle. Mais son entrain et son courage lui aidaient à surmonter les difficultés, en même temps que son enjouement et sa serviabilité lui gagnaient les cœurs du village entier.

Son instruction religieuse terminée, elle fut placée à Genève comme jeune bonne dans la famille D., où on l'entoura d'une chaude affection chrétienne qui contribua beaucoup à son épanouissement moral.

Tout en aidant les enfants dans leurs travaux scolaires, elle se développait elle-même. Sa jolie voix accompagnait les cantiques qu'entonnaient le soir les membres de la famille. Son souvenir reste toujours attaché aux fêtes de Noël qu'elle savait admirablement organiser et dont elle-même jouissait encore par le souvenir, bien des années après, dans sa lointaine Arménie. Elle devint la véritable amie de tous, petits et grands, et ce fut une heure cruelle que celle où il fallut se séparer par la force des circonstances.

Ce fut à cette époque que Marie reçut une vive impression religieuse des prédications du pasteur Tophel, de Genève. Sa foi s'affermit, et elle entra d'une façon décisive dans le chemin de la sanctification.

*
* *

Dieu, qui avait commencé en Marie une œuvre profonde, lui préparait le moyen de la perfectionner à l'école du dévouement.

A ce moment, une demoiselle âgée et malade, cherchait une compagne gaie, aimable, qui pût la soigner et la distraire en même temps. On offrit cette place à Marie qui l'accepta non sans crainte, mais avec l'ardent désir de servir son Sauveur où il l'appelait, en comptant sur son secours.

La tâche fut des plus pénibles. Atteinte d'une maladie incurable, Mlle K. réclamait jour et nuit des soins souvent rebutants. De plus, Marie devait s'occuper de tous les soins du ménage. Le soir venu, épuisée de fatigue, elle devait encore lire à sa malade les journaux ou des livres instructifs. Au début, cette vie lui sembla fort pénible, mais bientôt elle y trouva des ressources insoupçonnées. Ce lui fut une occasion unique d'enrichir ses connaissances en complétant ses études. Plus tard, elle pensait avec reconnaissance à tout ce qu'elle avait acquis pendant cette période de sa vie.

Cependant, après un service de cinq années, le travail dépassa ses forces. Marie tomba malade à son tour, et dut être transportée à l'hôpital. Elle y resta pendant bien des mois ; mais grâce à Dieu, elle se rétablit enfin complètement.

A l'hôpital, l'affection et les soins dévoués que lui prodiguèrent les Sœurs de Berne, firent germer en elle le désir de devenir diaconesse. Aussi, après avoir passé un temps de vacances à la campagne, elle se sentit assez forte pour demander à être admise dans la Maison des diaconesses à Berne.

Comme elle se sentit heureuse dans ce milieu qu'elle avait tant envié ! Le seul point noir était l'impossibilité pour elle de suivre tout de suite les cours, car ils se donnaient en allemand.

Peu après, l'hôpital de Genève réclama des sœurs parlant

français, et Marie eut la joie d'être envoyée dans le même hôpital où elle avait été soignée. On lui confia la salle des enfants. Elle s'y trouva immédiatement dans son élément et prodigua des soins dévoués à ses petits patients. Comme elle savait consoler et même égayer ses petits malades ! Et qu'il faisait bon entendre les chants joyeux qui s'envolaient de la salle de chirurgie !

Elle occupa ce poste pendant deux ans et demi (1894-1897) et ce qu'elle eut l'occasion d'apprendre là lui fut très utile plus tard.

Marie Zenger croyait avoir trouvé dans le service des malades sa vocation définitive, mais Dieu lui réservait un autre champ d'activité.

* * *

En 1896 eurent lieu les terribles massacres d'Arméniens. Le cri des veuves et des orphelins parvint jusqu'en Suisse. Des comités de secours se formèrent dans différentes villes. Afin de coordonner tous les efforts, un Comité central fut institué à Neuchâtel, et le professeur Georges Godet devint l'âme de l'œuvre en faveur des Arméniens. Les sommes recueillies en Suisse furent d'abord distribuées par l'intermédiaire des Stations missionnaires américaines situées dans les centres les plus importants de l'Asie Mineure. Puis, successivement, deux délégués furent envoyés à Constantinople pour se renseigner sur le meilleur emploi à faire de ces fonds et le résultat de cette enquête fut la décision d'en employer la majeure partie à faciliter aux missionnaires de Sivas la création d'un double orphelinat de filles et de garçons. Bientôt, la Station de Sivas débordée par la quantité des orphelins demanda aux Comités suisses de lui envoyer un personnel suisse qualifié pour prendre la direction de ces orphelinats.

Choix délicat et qui semblait difficile pour une œuvre si lointaine et si mal connue.

On désigna en première ligne Mlle Catherine Stucky, alors diaconesse à l'hôpital de Genève, qui s'était intéressée dés le début aux orphelins arméniens et qui accepta immédiatement l'appel qui lui fut adressé. Le Comité central ne voulant pas qu'elle partît seule, la chargea de se trouver une compagne. Elle indiqua son amie, Marie Zenger, qui se trouvait dans le même service qu'elle à l'hôpital.

Ceci se passait en septembre 1897. Marie fut très vite prête, et sans hésitation se décida à accompagner Mlle Stucky.

Un carrefour à Sivas. Entrée du marché.

Le 7 octobre suivant, aprés une émouvante réunion d'adieux et de consécration à Berne, les deux Suissesses se mettaient en route pour l'Orient inconnu. Le voyage dura tout un mois. Elles s'arrêtèrent d'abord quelques jours à Constantinople. De là, par le Bosphore et la Mer Noire, elles gagnèrent le port de Samsoun. Jusque là, elles n'avaient pas rencontré de grands obstacles, mais aussitôt qu'elles eurent mis le pied sur le sol asiatique, elles firent connaissance avec les affreuses routes du pays. Cette dernière partie du voyage qui dura sept jours, fut des plus pénibles. Cahotées le jour pendant dix à douze heures, nos voyageuses étaient privées de repos la nuit grâce à la vermine. Cependant, toute chose a une fin, et nos compatriotes atteignirent enfin le but de leur voyage.

Elles furent chaleureusement accueillies par les missionnaires américains qui leur souhaitèrent la bienvenue en français. Tout heureuses d'entendre parler leur langue, elles ne se doutaient guère que cette phrase avait été apprise par cœur et composait toutes les connaissances de français que pouvaient leur offrir les missionnaires !

Au déjeuner, l'un d'eux apporta un gros dictionnaire pour essayer de se faire comprendre. Nos sœurs se rendirent alors compte qu'outre la langue arménienne elles devraient apprendre l'anglais. Deux jours après leur arrivée, elles commencèrent leurs études. Elles eurent pour professeur un instituteur arménien qui ne savait pas un mot de français ni d'allemand, ce qui donnait lieu parfois à d'amusants quiproquos. Leur bonne humeur leur aidait d'ailleurs à surmonter tous les obstacles.

Quant à l'anglais, elles l'apprirent surtout avec les missionnaires chez lesquels elles demeuraient.

*
* *

Dès leur arrivée, l'ouvrage ne leur manqua pas. Les missionnaires avaient recueilli un grand nombre d'orphelins, filles et garçons, dans deux maisons. Marie Zenger prit la direction de l'orphelinat des filles et Mlle Stucky se chargea de celui des garçons.

Comme ils brillaient les yeux de toutes ces fillettes qui avaient traversé tant de tribulations, lorsque Mme H. la missionnaire, leur présenta leur nouvelle mère ! Et quel chagrin pour Marie Zenger de ne pouvoir dire aucune parole d'affection à sa chère petite famille !

1909. Marie Zenger dirige et fait exécuter en grande partie par les fillettes d'importantes réparations à l'orphelinat.

Il lui fallut beaucoup de courage et d'énergie pour vaincre les difficultés du commencement. C'est alors que la calme endurance qu'elle devait à son origine bernoise lui fut d'un grand secours. Joyeusement elle se mit à l'œuvre. Avec trois mots d'arménien, elle donna sa première leçon de chant. Puis elle commença l'enseignement des travaux à l'aiguille. Au milieu de ses enfants, elle était vraiment dans son élément, et tous ces petits cœurs se donnèrent bien vite à elle. Les regards timides devinrent joyeux et confiants, et les enfants se serraient autour de leur nouvelle mère, quoiqu'elle fût encore comme muette.

L'œuvre s'étendit très rapidement et bientôt 114 garçons et 140 fillettes peuplèrent les orphelinats. Nos deux amies s'entr'aidaient dans leur travail. On a peine à se représenter l'énergie qu'elles durent déployer pour établir l'ordre et surtout la propreté dans les deux maisons. Les enfants étaient couverts de vermine, d'éruptions et de maladies de la peau. Le typhus faisait aussi souvent son apparition dans les orphelinats où la place manquait.

Selon la coutume du pays, les enfants couchaient par terre, enveloppés d'une couverture, sur un matelas de laine. Le matin, les lits enlevés, le dortoir se transformait en salle à manger, et ensuite en salle d'école. Assis à la turque, les enfants prenaient leur repas, puis, sans transition, dans la même posture, se mettaient à leurs leçons. Tables, bancs et chaises étaient inconnus à l'Orphelinat.

Marie Zenger ne reculait devant aucun travail ; elle mettait la main à tout et stimulait ses élèves par son exemple. Soins du ménage, confection de vêtements, travaux de bâtiment même lui incombaient. Aidée des enfants, elle gâchait le plâtre, réparait le toit de la maison, et cela avec un entrain qui ne se démentait jamais. Après les travaux manuels, maîtresse et élèves se retrouvaient dans la salle d'école.

Elle était institutrice innée et savait si bien développer les ressources morales et intellectuelles chez ses aides arméniennes et ses élèves que bon nombre d'entre elles travaillent actuellement comme institutrices dans le pays et sont fort appréciées.

Marie Zenger n'oubliait pas que le but principal de l'Orphelinat était de fournir un *home* à tous ces enfants abandonnés. Très souvent elle réunissait ses filles adoptives le dimanche soir, leur racontait des histoires et chantait avec elles. Le chant était la grande joie de sa vie. Elle a traduit plus de cent de nos cantiques en arménien, et, aujourd'hui encore, ces cantiques et nos hymnes suisses continuent à retentir dans les familles arméniennes.

*
* *

Ce que Marie désirait, avant tout, c'était d'amener les enfants à leur Sauveur, aussi l'étude de la Bible et la prière avaient-elles la place d'honneur à l'Orphelinat.

Elle eut la joie de voir au bout de deux ans les premiers fruits de son travail. C'était en 1900, pendant les réunions de prières de l'Alliance évangélique. Plusieurs des enfants se convertirent et consacrèrent leur vie à Dieu. La plupart sont restés fidèles et sont devenus de vaillants serviteurs de Dieu.

Citons les noms de quelques-unes de ces jeunes filles qui formèrent la première gerbe de Marie Zenger :

Chasig, qui avait fait un apprentissage de garde-malade, entra à l'hôpital grégorien de Sivas. En peu de temps, elle le réorganisa et le transforma. En soignant des cas de typhus, elle contracta la maladie et fut recueillie auprès du Sauveur qu'elle avait aimé de tout son cœur et auquel elle avait consacré sa vie.

Zabel eut une vie très difficile. Elle devint institutrice à l'Orphelinat, elle se maria, partit pour l'Amérique avec son mari qui y mourut. Après de dures épreuves, elle revint en Turquie et rentra à l'Orphelinat pour y prendre la direction du ménage, tâche qui lui incombe encore. Elle a avec elle ses deux enfants.

Antaram, aujourd'hui directrice de l'Orphelinat, depuis la mort de Marie Zenger, avait complété ses études au Collège de Harpout, puis était rentrée à l'Orphelinat comme institutrice.

Chasig Topalian

Nous pourrions citer bien d'autres noms d'orphelins élevés à Sivas qui servent leur Maître dans des situations très diverses.

A côté des sujets de joie, il y eut pourtant des causes de tristesse. Tel fut le cas d'un garçon renvoyé de l'orphelinat pour sa mauvaise conduite, et qui, bien des années après, cherchait encore à se venger.

Il profita de la fête de Noël pour envoyer une lettre de calomnies accompagnée de cartes postales illustrées affreuses. Un autre envoi devait suivre à Pâques, et d'autres encore jusqu'à ce que Mlle Zenger ne puisse plus rester à Sivas. Ces lettres, sous forme anonyme, firent profondément souffrir la directrice de l'orphelinat, surtout quand elle en découvrit l'auteur. Ce lui fut un immense chagrin de penser qu'un des garçons, qui avait été pendant plusieurs années à l'orphelinat sous l'influence de la parole de Dieu, pouvait se rendre coupable d'une si mauvaise action. Marie ne se départit pas un instant de sa grandeur d'âme, et si des larmes mouillèrent ses yeux, pas un mot de colère ou d'amertume ne

La même, garde malade, morte du typhus à l'hôpital arménien.

franchit ses lèvres ; seules les prières d'intercession redoublèrent pour cet enfant égaré.

Zabel Vosganian

Plusieurs années passèrent, années de peine, de travail et de souci, il est vrai, mais avant tout, années de bénédiction divine. Dans toutes les situations, Marie sentait la main du Père qui gardait son enfant.

Parmi les nombreuses expériences que fit Mlle Zenger du secours direct de Dieu, il faut citer spécialement ce qui lui arriva à propos du pasteur Lousigian. Ici, nous la laisserons parler elle-même, car sa lettre nous met au courant des difficultés de l'œuvre missionnaire en même temps qu'elle nous montre le courage, l'énergie et la confiance en Dieu, qui étaient les traits fondamentaux du caractère de Marie Zenger.

....Depuis de longs mois, notre père de famille, qui était en même temps pasteur, désirait faire une tournée d'évangélisation ; je tenais moi-même à faire une visite à nos nombreux enfants, rentrés dans leurs villages, afin de pouvoir parler d'eux à leurs protecteurs suisses. Enfin, le 5 mai 1908, Badvéli (pasteur) Lousigian et moi nous nous mettions en route pour une tournée de trois à quatre semaines. En plus de nos personnes, nos chevaux portaient chacun une partie du bagage indispensable pour un voyage pareil.

La même avec son mari Kevork Manasian.

A l'intérieur de l'Asie Mineure on ne trouve pas de bons hôtels prêts à vous recevoir. Souvent vous devez partager, avec plusieurs personnes la chambre commune, mise à la disposition des voyageurs dans chaque village. Vous ne trouvez pas de lit, non plus, pour étendre vos membres fatigués après une journée de 6 à 8 heures de cheval, mais si vous n'êtes pas pourvus vous-mêmes de nécessaire, on vous offrira pourtant un matelas et une couverture de laine, le tout plus ou moins propre. On étend ce matelas sur le plancher ou le plus souvent sur la terre, et c'est là qu'on essaye de dormir, si les restes d'une des plaies d'Egypte : la vermine, ne vient pas vous en empêcher. Quand à la nourriture, le mieux est de se contenter de ce que l'on trouve dans les villages, car on ne peut pas trop charger le cheval si l'on veut marcher un peu vite.

La première journée s'est passée sans incident ; Badvéli et moi nous étions si heureux de nous retrouver en rase campagne ! C'est en me racontant beaucoup de choses intéressantes que mon compagnon raccourcissait les heures d'une course souvent très fatiguante et très monotone. En arrivant à l'endroit où nous nous proposions de passer la première nuit, Badvéli me dit, en descendant de cheval : « Ah ! je vois que je n'ai plus l'habitude de monter à cheval, la tête me tourne ». Après avoir bu un peu d'alcool de menthe, ce malaise disparut et nous l'oubliâmes complètement.

Badveli (pasteur) Lousigian père de famille à l'Orphelinat de Sivas.

La seconde journée se passa tranquillement. Badvéli, en disciple convaincu du Maître, saisissait toute occasion d'entrer en conversation avec ceux que nous rencontrions. J'étais souvent étonnée de l'à-propos de ses paroles : un nom de baptême, une source, une pierre, un rayon de soleil, tout prenait signification avec lui. Nous passâmes le dimanche à Ghasi-Marara, chez un de nos garçons de Sivas, marié depuis deux ans. Ce jour-là, mon cher compagnon prêcha trois fois dans l'église grégorienne, et nous fûmes suivis jusque dans les maisons par une foule d'hommes. Je voudrais pouvoir dire que la recherche du salut était ce qui amenait ces pauvres gens auprès de nous ; mais hélas ! les soucis de la vie quotidienne et la grande misère qui règne cette année en Orient, inquiétaient bien plus nos Arméniens que de savoir si oui ou non ils étaient sauvés.

Le lundi, nous visitâmes trois villages et partout c'était la même question angoissante : « Que ferons-nous cette année? Nous n'avons rien à manger, et par conséquent, rien à semer non plus ». Un de nos garçons avait même démoli une partie de sa maison afin d'en vendre les poutres pour acheter du blé à semer. D'autres ne vivaient que de racines, afin de semer les quelques grains de blé qui restaient encore dans les sacs, mais un nombre beaucoup plus grand ne pouvaient rien semer, parce qu'il n'y avait déjà plus rien à manger dans la maison. Je puis dire que je n'ai jamais vu autant de misère.

Le lundi soir, nous arrivâmes à un petit hameau arménien retiré sur la montagne, et là, au lieu des plaintes habituelles, on nous dit que si l'abondance n'existait pas, pourtant on avait le nécessaire; c'était doux à entendre après tant d'appels adressés à notre générosité. Là, je ne pus coucher dans la chambre commune; il y avait trop d'hommes, et Badvéli demanda comme une faveur qu'on me laissât reposer dans l'appartememt des femmes de la maison. Il eut de la peine à obtenir cette permission, et ce ne fut que sur un ordre du chef de famille que les femmes prirent mes bagages et m'aidèrent à m'installer pour la nuit. J'étais étonnée de la méfiance avec laquelle elles me regardaient, et plusieurs paroles étranges, que je compris parfaitement plus tard, frappèrent mes oreilles. Voyant que ces femmes ne me quittaient pas, que les vieilles se tenaient assez près, tandis que les jeunes se tenaient éloignées comme si elles avaient eu peur de moi, je compris que je devais me coucher devant elles, et qu'elles attendaient cela comme on attend de lever du rideau au théâtre, je suppose. Enfin, j'eus l'explication de cette étrange manière de faire si peu en harmonie avec l'hospitalité orientale. On m'avait prise pour un Circassien ou un Kurde déguisé, désireux de faire main basse sur une des jeunes filles de la maison. Ma peau blanche, mes cheveux longs les étonnaient bien un peu, mais j'étais arrivée assise sur mon cheval comme les messieurs, j'avais le visage découvert, je parlais avec mon compagnon, comment expliquer tout cela, sinon par un déguisement? Et voilà ce qui m'avait rendue si suspecte à ces pauvres femmes. Dès qu'elles comprirent leur méprise, elles s'assemblèrent autour de moi, examinant chaque pièce de mes vêtements, s'excusant de leur manière d'agir et m'accablant de tant de prévenances que j'en vins à regretter les instants où je passais pour un vil Kurde.

Le lendemain, il faisait très froid, et nous nous sommes attardés

Marie Zenger — Made Perry, missionnaire — C. Stucky — Pasteur Demirdjian de Gurun

En voyage.

jusqu'après le lever du soleil. Badvéli était très gai, il mangeait de bon appétit; son seul souci était pour moi qui n'avais pris qu'une tasse de lait. « Vous ne pourrez pas résister à la fatigue aujourd'hui si vous mangez si peu; voyez combien je mange, moi». En effet, lui et l'hôte bienveillant chez lequel nous logions, faisaient disparaître à mesure tout ce qu'on apportait sur la table. Après le repas, Badvéli prit un livre et lut un sermon de Philippe Brooks sur la résurrection. Nous étions quatre personnes pour l'écouter, et deux d'entre elles s'endormirent bientôt. Mais le lecteur n'y prit pas garde, au contraire, sa voix s'élevait et il lisait avec un tel enthousiasme que je fis cette réflexion en moi-même : « Oh ! si l'on vivait continuellement avec la pensée d'une vie éternelle, combien la terre nous paraîtrait différente ! » Après avoir assemblé la famille pour le culte, nous nous disposâmes à partir. J'étais déjà à cheval et ma petite bête montrait combien elle était impatiente de partir, quand je vis arriver un jeune Kurde, cravache en main. Il s'adressa au chef de la maison, homme déjà d'un certain âge, et lui ordonna de lui aporter un agneau, parce que son maître avait des visites et voulait régaler ses amis. Le propriétaire ne désirait pas vendre ses agneaux, ayant perdu beaucoup de moutons l'année précédente, aussi expliqua-t-il cela au domestique du mudir. Le jeune Kurde, levant sa cravache, dit d'un ton insolent : « Allons, chien de chrétien, amène vite ce que je veux ou tu sentiras ma cravache ». J'étais révoltée, et j'aurais certainement poussé cet homme à la résistance, si Badvéli ne m'eût fait comprendre qu'il n'y avait rien à faire. C'est en parlant de cet incident et des diverses mœurs circassiennes des peuplades qui habitent le pays que nous avons traversions, que nous fîmes environ deux heures de route. Nous arrivions dans des endroits très sauvages où des tribus nomades de Kurdes s'occupent spécialement d'élevage de chevaux ; cela devenait dificile de maintenir nos bêtes, et même en passant près d'un petit village, un Kurde dut conduire mon cheval par la bride, je n'en étais plus maîtresse.

Le danger passé, nous nous engageâmes dans une petite vallée étroite, au fond de laquelle coulait un ruisseau, quelques larges pierres avaient été posées en guise de pont. Badvéli passa le premier; je le suivis laissant mon cheval se guider lui-même comme je l'avais toujours fait dans les endroits dangereux. Tout à coup, mon cheval s'affaisse; je comprends qu'il s'est laissé prendre le pied de derrière entre deux pierres. Sauter à bas de mon cheval, le saisir par la bride pour l'empêcher de faire des efforts pour se dégager, appeler Badvéli, tout cela fut fait en moins de temps qu'il ne faut pour l'écrire. Après bien des efforts, nous parvînmes à dégager le cheval, et d'une même voix nous remerciâmes notre Père céleste quand nous vîmes que ma monture n'avait que quelques écorchures, assez profondes, mais peu graves.

Ayant besoin d'un bâton qui se trouvait dans mon sac, je me vis obligée de décharger le cheval de Badvéli; cette brave bête profita de ce moment de liberté pour brouter l'herbe qui se trouvait là assez abondante. Avant de le recharger, Badvéli me dit : « Je ne suis pas bien, la tête me tourne ». Et de nouveau, je lui offris un peu d'alcool de menthe, espérant que cela aurait le même résultat que le premier soir de notre voyage. Au bout d'un moment, se sentant mieux, il chargea son cheval et me dit : « Maintenant, montez ». Le voyant pâle, je lui dis : « Vous ne paraissez pas bien ; voulez-vous que nous retournions au village que nous avions quitté il y a dix minutes? » — « Non, non, continuons et allons à Jarashar, si nous pouvons ». Je lui dis encore : « Montez Badvéli, vous êtes pâle », et en disant cela, je sautai sur mon cheval. Lui, conduisant sa monture vers une pierre que je lui avait indiquée, marchait devant moi. Tout à coup il étend les bras, pousse un cri, et tombe à la renverse. En un clin d'œil je fus à ses côtés; je lui parlai; je cherchai à lui ouvrir la bouche; j'essayai la respiration artificielle; en un mot, tout ce qu'il était possible de faire, je le fis; mais seule au milieu d'un pays inconnu, sans un être vivant pour m'aider, n'apercevant aucune maison aussi loin que ma vue s'étendait, je ne pouvais pas faire grand'chose.

Pour ceux qui ne croient pas en un Dieu tout puissant qui s'occupe de ses créatures comme un père aimant ses enfants, quels tourments ne doivent-ils pas ressentir quand ils se trouvent dans une situation semblable à celle qui fut mon partage dans ce moment terrible. Pour moi, je le dis à la gloire de mon Père céleste, je n'ai éprouvé aucune peur, aucune angoisse. Il n'est pas nécessaire de vous dire que je me suis adressée à Lui immédiatement, et Il a tout arrangé.

Il y avait environ deux heures que j'étais avec ce cadavre, essayant encore divers moyens pour le ramener à la vie, quand je vis passer un homme sur la colline avoisinante; je l'appelai de toutes mes forces, j'agitai mon mouchoir, mon parapluie, enfin il me vit et vint voir ce qui se passsait. Ce Turc, car c'en était un, se pencha sur la poitrine découverte du mort, appuya un instant son orreille à l'endroit du cœur, puis en se relevant me montra le ciel en disant : « Allah ! Allah ! » Je compris que lui aussi n'avait pas d'espérance et que mon cher ami était bien mort.

Ce brave Turc essaya de me consoler, mais je ne compris rien à son langage plus kurde que turc. Tout à coup, une idée me vint. Le matin même, Badvéli m'avait dit que nous coucherions la nuit suivante à Jarashar chez sa belle-sœur, aussi prenant une pièce d'or, seule pièce que j'eusse dans mon porte-monnaie, je la présentai à ce Turc et lui montrai le cadavre en disant : « Bou (celui-ci) Jarashar ». L'homme comprit et me dit : « Evet (oui), et ajoutant une quantité de choses auxquelles je ne compris rien, il partit emmenant les chevaux, le bagage et ma dernière pièce d'or. Un enfant de dix ans environ, un Circassien, qui passait en ce moment, resta auprès de moi, et quoique je ne comprisse pas son langage, sa présence était une grande consolation. Il m'apporte de l'eau dans son fez (bonnet) pour laver le visage de Badvéli. Le ton de sa voix me faisait comprendre qu'il souffrait avec moi, et il ne me quitta pas avant le soir.

Une heure et demie se passa dans l'attente, je commençais à craindre d'avoir été dupée. Le soleil baissait à l'horizon, et je me représentais très tranquillement tout ce qui pourrait m'arriver, si la nuit me surprenait dans cet endroit solitaire. Loups et chiens, attirés par l'odeur du cadavre, hommes peu scrupuleux qui ôteraient et prendraient les habits de Badvéli, faute d'argent à voler, et moi, que deviendrais-je ?... Plusieurs plans s'étaient présentés à moi, et j'en viens à me décider à faire des lanières de ma robe de toile, et à traîner le cadavre, si possible, jusqu'à ce que j'aperçusse une maison.

Parvenue à cette extrémité, je vis mon Turc apparaître, suivi de plusieurs hommes. Je compris plus tard la cause de sa longue absence ; il était allé aux champs chercher ses bœufs qui labouraient, afin de les faire manger avant la longue course que nous avions à faire. Ces hommes essayèrent de mettre le corps sur le cheval, mais je vis qu'ils éprouvaient de la répugnance, et par certaines paroles telles que : Chien de chrétien, infidèle, etc. je compris qu'ils n'étaient pas tous d'accord qu'on s'occupât de ce malheureux. Un d'entre eux, pourtant, faisait tous ses efforts pour aider. A force de peine, on parvint à hisser le cadavre sur un cheval, et le Turc qui m'avait promit de me conduire à Jarashar s'assit derrière lui pour le maintenir en équilibre. A ce moment, un des hommes présents, s'adressant à Dieu et dit à haute voix : « Der asdouatz tété miaïn haiéren gue hasguenar » (Seigneur Dieu, si seulement elle savait l'arménien). Es-tu un Arménien, lui demandai-je dans cette langue? Oui, fut la réponse. Dès ce moment, je n'eus plus de peine à me faire comprendre. Cet homme-là était celui qui avait montré le plus de bonne volonté pour placer le cadavre sur le cheval. De plus, il était de Jarashar, l'endroit où je désirais aller. Il était venu ce matin-là dans le village circassien, près de l'endroit où l'accident avait eu lieu, pour s'y faire rembourser une somme de six francs environ : Dieu ne l'avait-il pas envoyé lui-même?

Sollicitée par ces hommes, je montai aussi à cheval, et notre triste cortège s'achemina vers un village que me cachait la colline. Là on me fit reposer dans une maison circassienne; on me donna du thé, mais bientôt la chambre fut pleine d'hommes et de femmes, plus curieux que sympathiques. Pourtant je comprenais à l'accent des voix qu'on me plaignait beaucoup et une vieille femme me fit dire par l'Arménien qui me servait de traducteur, que je ne devais pas me tourmenter, que j'étais encore jeune et que je trouverais vite un autre mari.

Je fis comprendre que ce n'était pas mon mari, et j'expliquai dans quel but je faisais ce voyage avec le pasteur. Je profitai de ce moment de repos pour dire à ces femmes que nous aussi nous mourrons, et que nous aurons à paraître devant Dieu. Je pus dire que ce pasteur avait fait du bien pendant sa vie, et que maintenant, Allah l'avait recueilli.

Au bout d'un moment, je m'aperçus que ma cravache devenait le point de mire de toute la partie masculine présente; je m'empressai de la cacher sous ma robe. Cette cravache avait une poignée d'argent, elle m'avait été donnée par M. Léopold Favre. Quand je partis de l'endroit, rien ne manquait, pas même une courroie, je souligne ceci, car les circassiens convoitent avant tout les cravaches, les courroies, et.... les parapluies, sans compter naturellement un bon pistolet qui serait très apprécié. Quand tout fut prêt, on me pria de sortir, et je vis, sur un char à deux roues, mon pauvre Badvéli enveloppé et ficelé.

A neuf heures nous arrivâmes à Jarashar, un cavalier nous avait précédés ; et c'est au milieu des cris et pleurs que nous fîmes notre entrée dans la maison de la belle-sœur de Badvéli. Quel contraste entre la surprise qu'il avait compté faire, et celle qu'il faisait maintenant! Je ne restai pas longtemps là, je congédiai le petit Mahhmet (l'enfant dont j'ai parlé plus haut) après lui avoir promis quelque argent, et nous quittâmes Jarashar. Mon cheval blessé était trop fatigué pour continuer sa route, je le laissai là, et je pris place à côté du mort sur le char à deux roues, soutenant la tête dans les endroits trop pierreux. Un cavalier nous accompagnait; les bœufs, étonnés sans doute de cette course après une journée de travail, couraient quand même, excités par la voix de leur maître. Après une heure de marche, la pluie se mit de la partie, et nous eûmes une vrais tempête. Nous arrivâmes à trois heures du matin à Mandjeluk, grand village sur la route de Sivas à Gurun. Le maître de l'école de l'endroit est un de mes anciens orphelins, sa femme aussi a été élevée chez nous; c'était donc chez des amis que nous arrivions.

On nous procura des vêtements secs, et après nous être restaurés nous partîmes à l'aube pour Sivas. Cette fois-ci nous avions une voiture et je n'étais pas seule à côté du cadavre; Sarkis, l'instituteur m'accompagnait. A neuf heures du soir, nous arrivions à Sivas. Il ne me restait plus qu'à prévenir les amis de Badvéli, et à communiquer cette affreuse nouvelle à sa femme, ce que j'ai trouvé le plus difficile de tout.

Le lendemain, nous enterrions notre cher pasteur. De tous côtés sont venus les témoignages de la fidélité de cet ami; les jeunes gens regrettaient en lui un guide plein de bonté et de gaîté; les femmes, un homme toujours prêt à rendre service; les vieux, un ami, un conseiller; et tous, un ami de la paix, car c'était ce qui le caractérisait avant tout : un homme de paix, voilà ce qu'il était.

J'ai raconté en détail ces heures difficiles, pour montrer que Dieu est fidèle, et que ce n'est pas en vain qu'on met en lui sa confiance.

*
* *

Nous avons vu comment Mademoiselle Zenger comprenait la tâche qu'elle avait acceptée. La lettre suivante d'un élève de l'orphelinat nous montrera comment les enfants répondaient à l'amour qui les enveloppait :

« Le 8 novembre 1897 restera une date inoubliable. Avec quelle impatience nous attendions l'arrivée de nos mères suisses. Intimidés, et pourtant les cœurs pleins de joie, notre groupe de 130 orphelins alla au-devant d'elles. Bientôt elles furent près de nous, nous touchant la main, nous regardant avec amour. Vous représentez-vous ce que c'était pour nous, pauvres orphelins, de retrouver quelqu'un qui prît soin de nous et à qui nous pourrions de nouveau ouvrir nos cœurs! Nous n'avions plus personne; nos parents, nos frères aînés avaient disparu; nos pasteurs, nos instituteurs avaient été massacrés, nos écoles et nos églises détruites. Si la plupart d'entre nous étaient encore trop jeunes pour comprendre la grandeur de la souffrance que nous avions éprouvée, ils savaient du moins que nous étions misérables. L'arrivée de nos mères fit briller en nous un rayon d'espérance; nous comprîmes qu'il y avait encore quelqu'un sur la terre pour nous aimer.

Combien nous avons pourtant donné de peine à nos directrices par nos mauvaises habitudes et nos méchancetés! Par la puissance

Instituteurs et maitres de métiers à l'Orphelinat de Sivas.

de la Parole divine, par la prière et par leur énergie, elles ont été victorieuses dans les circonstances les plus difficiles. Chacun se sentait à l'aise dans l'orphelinat, il y régnait une atmosphère de piété qui attirait les cœurs en haut, il est devenu pour moi une patrie. Je n'ai pas seulement recueilli les connaissances qui me sont si utiles actuellement, mais j'y ai trouvé mon Sauveur, mon Ami, mon Bien suprême.

Avant d'entrer à l'orphelinat, comme enfant de parents pieux, j'avais toujours lu ma Bible, mais elle restait pour moi un livre clos.

C'était comme un trésor qui aurait été renfermé dans une boîte ; à l'orphelinat on me révéla le trésor dans toute sa puissance et sa splendeur.

Mademoiselle Zenger nous disait une fois : « Si je réussis à amener un seul orphelin à Jésus, je serai déjà richement récompensée d'être venue en Arménie ». Son désir a été exaucé, car certes ce n'est pas en vain qu'elle est venue chez nous, plus de 70 de ses élèves travaillent dans notre pays, d'autres en Amérique, en Californie, en Egypte, comme prédicateurs, diaconesses, instituteurs et institutrices. Avec quel plaisir nous pensons encore au

Jeunes gens de Gurun élevés à l'Orphelinat de Sivas, réunis chez le pasteur Kevork Demirdjian.

temps béni que nous avons passé dans la chère maison de Sivas. Nous aimions à appeler l'orphelinat : « Le petit ciel où l'on chante toujours et où Jésus demeure avec ses deux anges ».

Aussi, avec quelle gratitude les anciens élèves ne pensent-ils pas aux bienfaiteurs qui ont créé l'orphelinat et qui continuent à l'entretenir par leurs dons. Que le Père des veuves et des orphelins les récompense abandamment. Ce n'est pas seulement en paroles, mais aussi en actions que nous voudrions prouver notre gratitude. Nous avons formé un cercle des élèves de l'orphelinat suisse de Sivas, afin d'entretenir des rapports cordiaux, soit entre nous, soit avec la maison mère. Nous voulons faire tout ce qui pourra être utile pour l'orphelinat et surtout assurer la continuation de l'œuvre. Dans ce but, nous avons déjà recueilli entre nous une somme de 620 francs destinée à la nouvelle maison et nous avons aussi décidé de payer l'entretien d'un orphelin. Nous espérons que Dieu nous permettra d'atteindre ce but pour sa gloire et pour la bénédiction de notre pauvre peuple ».

Jeunes filles rentrées dans leur village à Toutmaj après avoir été élevées à l'Orphelinat de Sivas.

Dans le courant de cette même année, il y eut divers changements apportés à l'œuvre.

Le plus important fut la fermeture de l'Orphelinat des garçons. Seule la maison des filles demeurait, et cela temporairement, jusqu'à ce que les élèves fussent assez grandes pour la quitter.

C'était là une dure épreuve pour Mlle Zenger qui ne pouvait admettre que l'Orphelinat suisse cessât d'exister à Sivas. Elle

Léop. Favre　　Hagop Effendi, instituteur　　C. Stucky　　M. Zenger　　Ch. Fermaud

1909. Retour à Sivas de Marie Zenger après un an de vacance, accompagnée par MM. Léopold Favre et Charles Fermaud.

suppliait que l'on continuât une œuvre sur laquelle, avec évidence, reposait la bénédiction de Dieu.

En 1909, à Adana et aux environs, il y eut de nouvelles persécutions de chrétiens ; un grand nombre furent tués. De nouveau, les cris des orphelins arméniens arrivaient à nos oreilles. Comment fermer nos cœurs à toute cette détresse ? On décida donc de continuer l'œuvre pour cinquante jeunes filles.

Professeur Georges Godet et Marie Zenger organisant un pique-nique pour les orphelins dans la « Forêt » de Sivas. Août 1905.

Avec quel zèle et quel dévoûement Mlle Zenger se remit à sa tâche bénie ! Une grave préoccupation commençait à s'imposer à elle. Les bâtiments de l'orphelinat ne suffisaient plus, en aucune manière, à ce qu'il aurait fallu. Une nouvelle bâtisse devenait urgente.

Au printemps de 1913, Mlle Zenger vint passer six mois de

vacances en Suisse. Tout son temps fut consacré à préparer le nouvel orphelinat : études de plans, visites à des maisons similaires, esquisses, calcul des dépenses probables, elle s'occupait de tout. Elle put bientôt soumettre son projet à la Conférence de secours suisses aux Arméniens. Que sa joie fut grande lorsque le Comité décida la construction !

Mlle Zenger rentra dans son centre d'activité au mois d'août 1913, pleine d'espoir pour l'avenir de son œuvre.

Un jeune architecte bernois, M. Henri Hopf, qui s'intéressait depuis longtemps à l'Arménie, fut envoyé pour exécuter les plans. En avril 1914, il abordait au port de Samsoun où Mlle Zenger vint elle-même l'accueillir pour l'accompagner à l'intérieur du pays. Le voyage, qui se fit en voiture mais sur de très mauvaises routes, dura six jours. Mlle Zenger, dont la santé avait été fort ébranlée par son grand travail, se sentit prise, dès le premier jour, d'une crise de faiblesse si aiguë qu'elle crut sa dernière heure venue. Pourtant, elle se remit bientôt assez pour pouvoir continuer le voyage sans interruption.

Le jour suivant, nouvel incident : vers le soir, l'un des chevaux se mit à trembler et s'arrêta. Que faire ? Nos voyageurs étaient dans une grande plaine éloignée de plusieurs milles de toute habitation. Lorsque le cocher arménien vit que le cheval allait périr, il s'agenouilla près de lui et supplia Dieu de venir à leur secours. Sa prière fut exaucée ; bientôt la bête fut sur pied et le voyage put être repris.

Dans de nombreux villages, amis et connaissances vinrent saluer Mlle Zenger au passage. Pour plusieurs, c'était un grand bonheur de pouvoir serrer la main de la mère des orphelins. Sans autre accident, les voyageurs atteignirent enfin Sivas.

Bientôt on put se mettre à l'ouvrage et commencer la construction de la nouvelle maison. Travail compliqué s'il en fût, car Mlle Zenger dut continuellement servir d'interprète entre l'architecte et les divers ouvriers arméniens et turcs.

Fillettes admises en 1910 à l'Orphelinat après le massacre d'Adana en 1909.

A peine eut-on commencé de creuser les fondations qu'on vit jaillir une source d'eau vive. Dans sa joie et sa reconnaissance envers Dieu, Mlle Zenger frappait des mains.

Chez nous, habitués comme nous le sommes à avoir près de chaque ferme une fontaine qui murmure, nous pensons rarement à remercier Dieu pour ce don précieux. Il n'en est pas de même en Orient, les sources sont fort rares et une eau vive signifie tout pour un oriental.

Le travail si joyeusement commencé ne devait pas se poursuivre facilement. A peine les fondements étaient-ils posés que M. Hopf prenait le typhus. Ce furent alors de terribles journées pour Mlle Zenger. Responsabilité du travail et soins à donner au malade, tout lui incombait. Au bout de quelques jours, M. Hopf put être conduit dans un hôpital et soigné par un médecin américain. Dieu exauça la prière de sœur Marie et ce jeune homme qui, à vues humaines, semblait indispensable au travail entrepris, recouvra enfin la santé. On se remit donc à la tâche.

Mais bientôt les sombres nuages de la guerre apparaissaient à l'occident et projetaient leur ombre jusque sur Sivas. La première conséquence se fit sentir sous la forme de manque de matériaux, le gouvernement réquisitionnant toutes les pierres pour bâtir des casernes. Puis vinrent des tracas au sujet des ouvriers. Un jour, le commissaire de police vint réquisitionner huit scieurs. Quelle entrave mise au travail ! Dans un pays où les scieries sont inconnues, toutes les planches doivent être préparées à la main. On ne tint aucun compte des réclamations faites à ce sujet.

Pendant le mois d'août, les déclarations de guerre successives qui eurent lieu en Europe eurent leur contre-coup en Asie Mineure. Tous les hommes disponibles furent appelés sous les drapeaux. Ce fut le cas pour bon nombre des anciens orphelins. Plusieurs d'entre eux vinrent à l'Orphelinat au moment de leur départ. Pour tous, Mlle Zenger avait le cœur et la main largement ouverts.

Nouveau souci : un jour on apprit que toute correspondance avec l'Europe était coupée. Il s'ensuivit l'impossibilité de recevoir les fonds nécessaires pour payer les ouvriers. Marie les convoqua, leur fit part de la situation, leur proposa de quitter le chantier ou de continuer le travail avec l'assurance d'être payés. Mais quand ? Elle ne le savait pas elle-même. La plupart eurent confiance en elle et restèrent à leur poste. Du reste, plus vite qu'on n'osait l'espérer, on trouva le moyen de faire parvenir de Suisse les fonds à Sivas, et six semaines après les ouvriers furent payés.

Pourtant, à côté de toutes les misères et les soucis de ces jours sombres, il y eut pour Marie quelques rayons de soleil. Ainsi, un beau dimanche matin, assise avec l'architecte devant la tente dressée près de la bâtisse, elle vit arriver, à cheval, un officier turc. Il se présenta comme le major X, d'Allemagne, attaché au service turc. Mlle Zenger l'invita à s'asseoir, puis une conversation très vive ne tarda pas à s'engager. Le major se sentait abandonné en Turquie et avait l'ennui de la patrie. Il tira un journal de sa poche, et, les yeux brillants, il lut les succès des Allemands en France. Voyant que Mlle Zenger n'exprimait aucune joie, mais bien plutôt l'écoutait avec tristesse, il lui demanda si, par hasard, ses sympathies étaient pour les Français. « Certainement, lui répondit-elle, car ma mère était issue d'une ancienne famille française huguenote. » L'officier s'excusa de lui avoir causé de la peine et dès lors ne toucha plus à ce sujet. Profitant de leur liberté, le major et son ami Z. revinrent souvent passer quelques heures heureuses dans le petit cercle. Marie découvrit bientôt que cet officier était un chrétien vivant ; aussi, malgré ses sympathies françaises, le prit-elle en amitié. Elle aimait tous ceux qui se réclamaient du nom de Jésus, et cet amour était plus grand que ce qui pouvait les séparer.

Lorsque la guerre turque éclata, le major partit pour le Caucase, mais les relations d'amitié continuèrent entre eux.

Plus tard, quand Marie vint à Erzeroum, elle retrouva l'officier, blessé de deux balles. Ce fut un plaisir pour elle de pouvoir le soigner. Elle fut pour lui une consolation et une bénédiction.

*
* *

En dépit de toutes les entraves, la bâtisse sortait peu à peu de terre, et Marie se réjouissait de pouvoir prendre possession des nouveaux locaux avant l'hiver. Une nouvelle épreuve l'attendait encore. Le toit était déjà élevé ; on avait commencé à le couvrir, lorsque le gouvernement ordonna catégoriquement d'arrêter la construction. Le vali (gouverneur) fit même savoir qu'à la moindre infraction la maison serait incendiée. Marie accepta avec soumission ce coup si dur pour elle. « Ce que Dieu nous envoie, disait-elle, ne peut-être que bon et juste. »

M. Hopf dont le concours devenait inutile reprit la route de sa patrie.

Marie ne se laissa pas décourager et réitéra ses démarches auprès du vali. Après maintes demandes, elle obtint enfin la permission de pouvoir continuer les travaux. Elle entrevoyait la possibilité de pouvoir déménager au printemps de 1915, et s'en faisait une fête. On prendrait congé de la vieille maison, et on entrerait en cortège triomphal dans le nouveau bâtiment que l'on aurait décoré pour la circonstance.

Comme les enfants seraient heureux dans ces grandes pièces! Chacun aurait sa petite place. Dans le jardin attenant et sur la vaste prairie on planterait des pommes de terre et des légumes. Chaque enfant aurait son jardinet à cultiver. On avait aussi construit une dépendance qui devait donner asile à de la volaille et même à une ou deux vaches.

Le grand bonheur de Marie était surtout de pouvoir disposer de quelques chambres à donner. Là, elle pourrait héberger des anciens orphelins de passage, offrir un gîte temporaire à ceux qui seraient dans l'embarras, chose qu'elle jugeait de toute importance étant données les circonstances. Ces beaux plans d'avenir occupaient et réjouissaient notre chère Marie, mais les pensées de Dieu ne sont pas nos pensées, et ses voies ne sont pas nos voies. Il ne devait jamais être donné à Mlle Zenger d'entrer dans la maison neuve.

*
* *

En automne 1914, la Turquie, à son tour, fut entraînée dans la guerre européenne qui fit rage dès le début à la frontière russo-turque et fit beaucoup de victimes.

Erzeroum, à douze journées de marche à l'est de Sivas, devint pour les Turcs le centre de leurs opérations militaires. Là se trouvaient aussi les hôpitaux. La Turquie n'ayant pas été suffisamment préparée, il y régnait une affreuse misère.

Le gouvernement chercha de l'aide, et dans ce but s'adressa à la Mission américaine en lui demandant de mettre à sa disposition jusqu'à l'arrivée du personnel sanitaire allemand, ses médecins et ses infirmiers. La Mission se sentit le devoir de répondre à cet appel. Les missionnaires sachant que Mlle Zenger avait été autrefois diaconesse la prièrent d'aller en leur nom, accompagnée de trois américains, un médecin, une garde-malade et une institutrice, occuper le poste d'Erzeroum jusqu'au printemps de 1915. De son côté, la Mission assumait la responsabilité de l'orphelinat.

Marie n'accepta cette nouvelle tâche qu'après avoir mûrement réfléchi et acquis la persuasion qu'il y avait là un ordre de Dieu.

Le 7 décembre 1914, les quatre voyageurs quittèrent Sivas. Le voyage se fit en voiture et fut très pénible. Les routes étaient mauvaises; une épaisse couche de neige recouvrait les chemins de montagne. Marie dut souvent passer la nuit dans sa voiture, vu l'impossibilité d'atteindre une hôtellerie. Un jour même, voiture, bagages et chevaux risquèrent de tomber dans un précipice. Enfin, au bout de vingt jours, nos voyageurs arrivèrent à destination, la misère qu'il trouvèrent était indescriptible : 6000 blessés étaient couchés dans des baraques, sans avoir reçu le moindre soin ; de graves épidémies régnaient ; on manquait de tout : bois, remèdes, objets de pansement. Il y avait des soldats qui n'avaient pu changer de linge depuis trois mois.

Avec le courage et l'énergie dont elle fit toujours preuve, Marie se mit à son rude travail. Elle établit d'abord de l'ordre à l'hôpital des officiers. Elle l'arrangea si proprement et si agréablement, que les médecins en furent émerveillés, et lui exprimèrent toute leur reconnaissance. Elle en laissa le soin à une jeune infirmière, et entreprit de mettre en état l'hôpital arménien. Quel travail dur et repoussant pour Mlle Zenger ! Mais en elle la diaconesse s'était réveillée, et c'est avec plaisir qu'elle accomplissait sa tâche. Elle communiquait son enthousiasme à ses aides. Bientôt l'hôpital arménien pouvait ouvrir ses portes aux pauvres blessés.

Restait l'hôpital américain où avait sévi l'épidémie. Les deux médecins avaient été les victimes de la maladie. Tout était abandonné et personne n'avait le courage d'y mettre la main. Marie ne connaissait pas la crainte, elle se dévoua à cette nouvelle besogne avec le même courage et le même dévouement. On la voyait partout, soignant et servant chacun avec le même amour, toujours prête au sacrifice.

Sa nouvelle vocation ne lui faisait pourtant pas oublier Sivas ; elle restait en correspondance avec les maîtresses et les élèves, et se réjouissait de pouvoir reprendre son activité aimée.

Il semblait que son désir allait pouvoir se réaliser. Des infirmiers et infirmières étaient arrivés d'Allemagne ; elle se sentait donc libre de reprendre la route de Sivas.

*
* *

Le premier mars Mlle Zenger entreprit son dernier voyage. Tout se passa d'abord normalement. Après dix jours, elle atteignait Erzingian, ville d'environ 20.000 habitants. En y arrivant, elle se senti fatiguée mais elle accepta cependant une invitation à dîner à la Croix-rouge allemande. Le lendemain, elle ne se sentit pas assez bien pour continuer le voyage. On espérait que ce ne serait qu'un malaise passager. Le 15 mars, le docteur allemand consulté, ordonna son transport à l'hôpital allemand. Elle y fut très bien reçue et fut soignée avec un amour touchant par les sœurs allemandes. Ce ne fut que le 18 mars qu'on put diagnostiquer un typhus de forme grave.

Malgré les soins les plus entendus, ses forces déclinèrent rapidement. Les docteurs lui prodiguèrent en vain toutes les ressources de leur savoir. Dieu en avait décidé autrement, et le 23 mars, elle entra dans la gloire de son Seigneur auquel elle avait voué toute sa vie et consacré toutes ses forces.

Le 23 mars, elle fut enterrée dans le cimetière arménien protestant d'Erzingian. Tout le personnel de la Croix-rouge l'accompagna à sa dernière demeure. En allant au cimetière, le convoi rencontra une compagnie de soldats. Lorsque l'officier apprit qui l'on accompagnait au lieu du repos, il fit rendre les honneurs militaires : les soldats présentèrent les armes, tandis que les officiers saluaient. Le pasteur arménien qui prononça quelques paroles sur la tombe, prit pour texte ce verset : « Elle a fait ce qu'elle a pu ». Il montra à tous, combien la vie qui venait de s'éteindre était un exemple de soumission et de sacrifice.

Marie a donc sa tombe sur la terre étrangère, loin de sa patrie, loin de son orphelinat bien aimé, loin de Sivas où elle avait espéré reposer parmi les enfants partis avant elle. Pour nous, pour toute notre œuvre, en Arménie, la mort de Mlle Zenger est une perte immense, mais notre consolation est de savoir notre sœur recueillie auprès de son Dieu.

Nous pensons surtout à ses enfants doublement orphelins. Ils s'étaient tant réjouis d'apprendre le retour de leur « maïrig ! » Quand arriva la nouvelle de sa mort, une profonde douleur les accabla. Ils ne pouvaient admettre qu'elle ne reviendrait plus. Mais le Père céleste, le père des veuves et des orphelins, les consolera. Il aura pitié de ces pauvres parmi les pauvres. L'amour chrétien ne les abandonnera certainement pas et les comités suisses de secours auront à cœur de continuer leur tâche bénie.

Quelques semaines après la mort de Mlle Zenger, une de ses filles, qui avait quitté l'orphelinat pour aller étudier au collège de Harpout, écrivait les pages suivantes qui nous font sentir la place immense que Marie tenait dans le cœur de tous ceux qui la connaissaient.

Mon premier chagrin

Les grands chagrins, avant même d'être réalisés, exercent déjà sur nous leur influence.

Il pleut, mon cœur s'obsurcit peu à peu, il n'y reste plus de joie, heure après heure je me sens envahir par les ténèbres d'une sombre nuit. Tout à coup, on m'annonce la triste nouvelle de la mort de Mademoiselle Zenger, l'ange de Sivas. Je tremble, mon être entier est sous un lourd fardeau. J'essaie de mesurer la grandeur de cette perte, et je m'en sens incapable. Je suis en face de mon premier vrai chagrin. Le mort de Mademoiselle Zenger est le premier coup donné à mon cœur. Comme se seraient cassées les cordes d'un violon, mon cœur est brisé !

Les caractères de cette grande personnalité me deviennent de plus en plus clair. Mademoiselle Zenger était la mère de centaines d'orphelins et d'orphelines ; sous son influence de pitié et de caresse, ils éclosaient à la vie consciente comme des fleurs. Ils ne se rappelaient plus les souffrances du passé funeste, parce qu'ils avaient enfin trouvé une mère tout près d'eux.

Cet amour maternel, Mademoiselle Zenger le possédait au suprême degré, elle le sanctifiait même par son visage souriant, sa patience et sa compassion pour tout et pour tous. Les larmes des Arméniens avaient ému son cœur, c'est pourquoi les éprouvés trouvaient un repos dans ses bras. Tous ses efforts tendaient à développer harmonieusement ses élèves au triple point de vue physique, moral et intellectuel. Leurs progrès faisaient toute sa joie : «Vous, Arméniens, vous avez captivé mon cœur» aimait-elle à répéter.

Par la façon dont elle accomplissait sa tâche, Mademoiselle Zenger était en exemple à tous. Dernièrement elle avait entrepris avec un grand enthousiasme la construction d'un « home» destiné au repos et à la joie de sa nombreuse famille. Elle y travaillait jour et nuit avec abnégation, partageant même les travaux des ouvriers. Partout et toujours elle était à la hauteur de sa tâche : ouvrière couverte de poussière au milieu des travaux du bâtiment, jardinière soigneuse et économe dans le potager, institutrice capable et dévouée à l'école, vraie maman dans la maison, prête à sacrifier même la lumière de ses yeux pour les enfants qu'elle aimait tant.

Elle cousait, elle cousait, malgré la venue de la nuit, travaillant souvent de la veille au matin pour préparer les vêtements des enfants. Garde-malade accomplie, combien de nuits n'a-t-elle pas passées auprès des lits de ses petits malades! Négligeant repos et sommeil s'il le fallait, son idéal était de se sacrifier entièrement à sa tâche. Ce besoin de sacrifice est un trait de caractère que l'on retrouve chez tous ceux de ses anciens élèves qui cherchent à être dignes d'elle.

Même hors de la famille qu'elle avait formée, elle était l'incarnation de la pitié, de la charité et de la générosité. Ce qui était à elle, était à tous, elle aurait donné volontiers son dernier sou à tout miséreux. Elle était si humble, si débonnaire et si pleine de cœur, que le plus pauvre trouvait place à sa table et qu'elle le servait dans sa propre vaisselle.

Un autre champ fut ouvert à son besoin de dévouement : elle fut appelée au début de la guerre à Erzerum. Là, les malades et les blessés déjà frôlés par la mort, attendaient les sœurs de la charité et de la pitié.

Mademoiselle Zenger se dirigea vers eux, laissant derrière elle son œuvre aimée, et s'en alla là-bas, où l'on n'entendait plus que la voix de la douleur. Véritable héroïne, elle arracha à la mort un grand nombre d'âmes. Tandis qu'elle travaillait à rétablir les forces physiques des malades confiés à ses soins, elle leur annonçait le message de la vie éternelle.

Mais l'éloignement de ses enfants lui était dur à supporter. L'amour qu'elle leur portait, la poussa, dès qu'elle en vit la possibilité, à reprendre le chemin de la maison. Ayant comme un pressentiment qu'elle quitterait bientôt ce monde pour entrer dans la patrie céleste, elle voulait une fois encore goûter les joies de son œuvre.

Elle rentra donc à Sivas après plusieurs mois de travail pénible. A peine arrivée à Erzingian, elle devint la proie de la maladie, à laquelle elle s'était volontairement exposée pour sauver les autres. Sa carrière terrestre s'acheva pendant son voyage de retour vers ses bien-aimés.

Mademoiselle Zenger laisse un exemple de sacrifice et d'abnégation. Elle a vécu pour les autres. Elle était une étoile brillante dans la nuit. Elle est partie, mais elle laisse derrière elle un bouquet de souvenirs qui resteront immortels dans les cœurs de ses enfants et de ceux qui l'ont connue.

Honneur à son saint souvenir.

Une de ses filles : Saténig DONIGIAN.

Euphrates College, 6 mai 1915.

*
* *

A Genève, où Melle Zenger comptait tant d'amis, la nouvelle de sa mort causa un profond chagrin.

Afin de répondre au désir de chacun, le 3 avril 1915, M. L. Favre groupait, dans son salon, pour un dernier adieu, parents et amis de sœur Marie.

La Société des étudiants arméniens de l'Université avait délégué deux de ses membres et envoyé une superbe couronne de fleurs aux couleurs arméniennes ; le Comité de propagande arménien était aussi représenté.

Le service débuta par une prière de M. le pasteur Krafft, de l'Eglise libre de Genève. Puis, M. L. Favre rappela les traits principaux du caractère de Melle Zenger, son lucide esprit d'organisation, sa persévérance dans tout travail entrepris, son enthousiasme communicatif, son amour maternel pour tous ses orphelins, sa foi ardente et joyeuse au Maître auquel elle avait consacré sa vie.

Unissant dans la même pensée Melle Stucky et Melle Zenger, il montra combien ces deux personnalités se complétaient et quelle harmonie cette union avait imprimée à leur action.

Un témoignage de sympathie fut adressé à la famille de Melle Zenger, doublement représentée par ses parents directs et par un de ses orphelins actuellement étudiant en théologie dans notre ville.

M. le pasteur Krafft ajouta quelques détails sur le travail de M[elles] Zenger et Stucky poursuivi à travers tant de soucis et de luttes. S'adressant ensuite directement aux jeunes Arméniens présents, il leur confia comme un legs fait par Melle Zenger la grande œuvre qui reste à accomplir.

M. Hofmann, pasteur de l'Eglise allemande, en relations de famille avec les Arméniens termina le culte par une prière émue en faveur de ce peuple éprouvé que Marie Zenger, la Maïrig des orphelins, avait tant aimé.

*
* *

Lorsque ces pages ont été écrites, personne ne se doutait des terribles afflictions qui allaient tomber sur le pauvre peuple arménien et en poursuivre l'anéantissement.

Par la merveilleuse protection de Dieu, l'orphelinat suisse de Sivas a été épargné jusqu'à cette heure. Tandis que tout ce qui était arménien était chassé de la ville, les cinquante orphelines ont pu rester à Sivas avec leurs maîtresses arméniennes. Pour le moment la nouvelle bâtisse n'ayant pu être achevée, elles sont à l'abri dans l'école de la Mission américaine.

Que Dieu garde sous la protection de ses ailes ce petit troupeau d'agneaux égaré au milieu des loups !

Plus tard, lorsque la paix sera enfin rétablie sur la terre, c'est avec bonheur que les Comités suisses reprendront leur tâche dans la lointaine Arménie qui nous est si chère à tous.

Au moment de la mort de Mlle Zenger bien des questions se posent : Pourquoi avait-elle été reprise, encore dans la force de l'âge, loin de son travail béni, cette sœur qui semblait indispensable et qui aurait pu être encore une bénédiction pour tant d'âmes ?

Aujourd'hui, nous comprenons que Dieu l'a épargnée. Quelle n'aurait pas été sa douleur en voyant ses anciennes élèves, jeunes mères, avec leurs bébés dans les bras, pères de famille entourés de leurs enfants, chassés loin de leur patrie et poussés dans la misère.

Quelle douleur l'aurait étreinte en voyant des enfants qu'elle avait élevées dans la crainte de Dieu être vendues comme du bétail au plus offrant et traîner une misérable vie dans quelque famille turque ou derrière les barreaux de quelque harem ou dans une condition pire encore.

Non, jamais son cœur si tendre, si aimant n'aurait pu résister à la vue de ces misères. Combien elle est vraie pour elle la parole du prophète : « Le juste meurt et il n'y a personne qui y prenne garde et les gens de bien sont retirés du monde sans que l'on considère que le juste a été retiré avant que le mal arrive. Il entrera dans la paix, il reposera sur sa couche, celui qui aura suivi le droit chemin. » Ésaïe 57, 1-2.

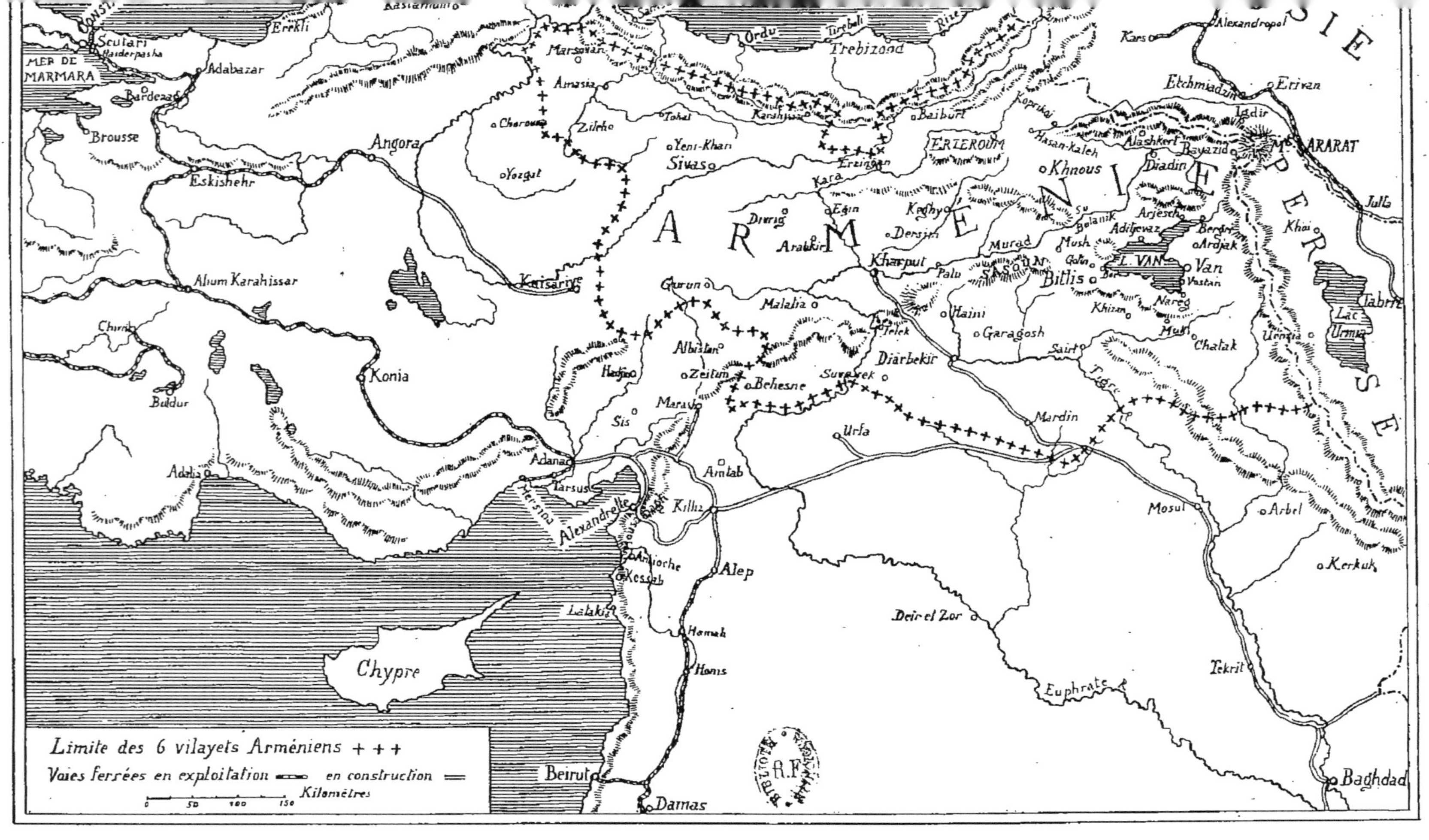

Limite des 6 vilayets Arméniens + + +
Voies ferrées en exploitation
en construction
Kilomètres
0
50
100
150
ARMÉNIE
PERSE
MER DE MARMARA
Scutari
Haiderpasha
Adabazar
Bardezag
Brousse
Eskishehr
Angora
Alium Karahissar
Churuk
Buldur
Konia
Adalia
Erekli
Marsovan
Amasia
Zileh
Tokat
Yozgat
Yeni-Khan
Sivas
Kaisarie
Gurun
Malatia
Divrig
Arabkir
Egin
Kara
Erzingan
Ordu
Tireboli
Trebizond
Rize
Baiburt
ERZEROUM
Keghy
Dersim
Kharput
Palu
Khnous
Hasan-kaleh
Alashkert
Bayazid
Diadin
Igdir
Etchmiadzin
Erivan
Kars
Alexandropol
ARARAT
Julfa
Khoi
Tabriz
Lac Urmia
Urmia
Arjesch
Adiljevaz
Berdri
Ardjak
Van
Vastan
L. VAN
Mush
Bolanik
Murad
SASOUN
Bitlis
Khizan
Nareg
Muks
Chatak
Haini
Garagosh
Sairt
Diarbekir
Telek
Albistan
Zeitun
Behesne
Suverek
Hadjin
Sis
Marash
Aintab
Adana
Tarsus
Mersina
Alexandrette
Kilis
Antioche
Kessab
Alep
Lataquié
Hamah
Homs
Beirut
Damas
Chypre
Urfa
Mardin
Tigre
Mosul
Arbel
Kerkuk
Deir el Zor
Euphrate
Tekrit
Baghdad

Le nouvel Orphelinat suisse à Sivas. Commencé en 1914 ; non achevé.

www.ingramcontent.com/pod-product-compliance
Ingram Content Group UK Ltd.
Pitfield, Milton Keynes, MK11 3LW, UK
UKHW021023200726
13857UKWH00004B/1552

9 782012 938823